La lucha por los derechos de la mujer

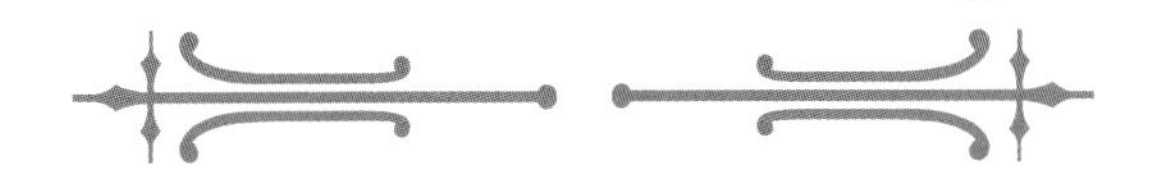

por Lara Bove

Scott Foresman
is an imprint of

Glenview, Illinois • Boston, Massachusetts • Chandler, Arizona
Upper Saddle River, New Jersey

Photographs

Every effort has been made to secure permission and provide appropriate credit for photographic material. The publisher deeply regrets any omission and pledges to correct errors called to its attention in subsequent editions.

Unless otherwise acknowledged, all photographs are the property of Pearson Education.

Photo locators denoted as follows: Top (T), Center (C), Bottom (B), Left (L), Right (R), Background (Bkgd)

Opener: ©Library of Congress; **1** ©Library of Congress; **3** ©Library of Congress; **4** ©Getty Images, ©Library of Congress; **5** ©Library of Congress; **7** ©Amoret Tanner/ Alamy; **9** ©Library of Congress; **10** ©Library of Congress, ©Getty Images; **11** ©Library of Congress; **15** (T) ©Kristoffer Tripplaar/Alamy, (C) ©PunchStock; **16** ©Library of Congress; **17** ©Library of Congress; **19** ©Library of Congress; **20** ©Jupiter Images, ©Getty Images; **21** ©Stock Montage/Archive Photos/Getty Images; **22** ©Getty Images, ©Jupiter Images

ISBN 13: 978-0-328-52896-7
ISBN 10: 0-328-52896-X

4 5 6 7 8 9 10 V0B4 18 17 16 15

El sufragio de las mujeres

El derecho al voto entre hombres y mujeres no ha sido siempre igual. Mientras que muchos hombres blancos han ejercido siempre el derecho de votar, a las mujeres ese derecho se les ha restringido en términos de dónde podrían votar y en qué elecciones. En 1869 las mujeres podían votar en Wyoming. En aquel momento, Wyoming era solamente un territorio. Se convirtió en un estado en 1890 y le dio a las mujeres el derecho completo al voto, incluyendo el voto por el presidente de los Estados Unidos. Pronto otros estados del oeste, como Colorado, Idaho y Utah, también dieron a las mujeres el derecho de votar.

En otros estados las mujeres podían votar en algunas elecciones locales. En 1920, la decimonovena enmienda de la Constitución de los EE. UU. se convirtió en ley. Una enmienda es una adición. Ésta dio a las mujeres el derecho a votar en todas las elecciones. Las mujeres y algunos hombres trabajaron arduamente para lograr que el derecho al voto fuera igual para todos. Su trabajo se conoce como el movimiento del sufragio femenino. El **sufragio** es el derecho a votar.

Mujeres votan en el territorio de Wyoming.

Seneca Falls

El movimiento por el sufragio femenino comenzó en Seneca Falls, Nueva York. Era el año 1848 y Elizabeth Cady Stanton y Lucretia Mott, líderes del movimiento por los derechos de las mujeres, organizaron una reunión. Pusieron un aviso en el periódico para que la gente se enterara de la reunión. La llamaron "Convención por los Derechos de la Mujer".

La convención se llevó a cabo durante dos días y asistieron trescientas personas. Muchas mujeres trajeron a sus maridos. Algunas **sufragistas** leyeron discursos. Frederick Douglass, un esclavo que había escapado hacia la libertad, también habló. Douglass era un gran orador y portavoz activo en la lucha por abolir la esclavitud y en favor de los derechos de la mujer.

Los periódicos cubrieron la convención, pero las respuestas no fueron favorables. En general, los estadounidenses en ese momento no creían que la mujer debía votar, y eso incluía a la mayoría de las mujeres. Muchas de ellas creían que su papel era ser madres y esposas y pensaban que no necesitaban votar.

Elizabeth Cady Stanton

Al terminar los dos días, la convención aprobó muchas resoluciones, o metas, que las mujeres querían lograr. Una de ellas era que las mujeres debían tener derecho al voto. Dado que las leyes afectaban a las mujeres y a los hombres por igual, las mujeres querían participar en la elección de las personas que creaban las leyes. Tendrían que trabajar duro para que eso fuera posible.

Our Roll of Honor

Containing all the Signatures to the "Declaration of Sentiments" Set Forth by the First

Woman's Rights Convention,

held at Seneca Falls, New York

July 19-20, 1848

LADIES:

Lucretia Mott
Harriet Cady Eaton
Margaret Pryor
Elizabeth Cady Stanton
Eunice Newton Foote
Mary Ann M'Clintock
Margaret Schooley
Martha C. Wright
Jane C. Hunt
Amy Post
atherine F. Stebbins
ary Ann Frink
dia Mount
lia Mathews
therine C. Paine
zabeth W. M'Clintock
vina Seymour
be Mosher
erine Shaw
rah Scott
Hallowell
M'Clintock
Gilbert

Sophronia Taylor
Cynthia Davis
Hannah Plant
Lucy Jones
Sarah Whitney
Mary H. Hallowell
Elizabeth Conklin
Sally Pitcher
Mary Conklin
Susan Quinn
Mary S. Mirror
Phebe King
Julia Ann Drake
Charlotte Woodward
Martha Underhill
Dorothy Mathews
Eunice Barker
Sarah R. Woods
Lydia Gild
Sarah Hoffman
Elizabeth Leslie
Martha Ridley

Rachel D. Bonnel
Betsey Tewksbury
Rhoda Palmer
Margaret Jenkins
Cynthia Fuller
Mary Martin
P. A. Culvert
Susan R. Doty
Rebecca Race
Sarah A. Mosher
Mary E. Vail
Lucy Spalding
Lovina Latham
Sarah Smith
Eliza Martin
Maria E. Wilbur
Elizabeth D. Smith
Caroline Barker
Ann Porter
Experience Gibbs
Antoinette E. Segur
Hannah J. Latham
Sarah Sisson

GENTLEMEN:

P. Hunt
D. Tillman
Williams
oote
Douglass
Seymour
ymour
lding
Barker
ty

William S. Dell
James Mott
William Burroughs
Robert Smallbridge
Jacob Mathews
Charles L. Hoskins
Thomas M'Clintock
Saron Phillips
Jacob P. Chamberlain
Jonathan Metcalf

Nathan J. Milliken
S. E. Woodworth
Edward F. Underhill
George W. Pryor
Joel Bunker
Isaac VanTassel
Thomas Dell
E. W. Capron
Stephen Shear
Henry Hatley
Azaliah Schooley

Documento que muestra las firmas de la Declaración de Opiniones en la Convención por los Derechos de la Mujer, en Seneca Falls, Nueva York.

Ropa

En el siglo diecinueve la moda era estricta. La **vestimenta** de las mujeres hacía más difícil para ellas realizar sus tareas y muchas hacían tareas pesadas. Las mujeres cocinaban en las estufas de leña y carbón. Recogían la madera que ponían en la estufa y encendían el fuego. Esperaban que el fuego ardiera lo suficiente para cocinar. Mientras cocinaban, añadían leña para mantener el fuego a alta temperatura.

Las mujeres tenían que lavar la ropa a mano. Algunas tenías bombas de agua, pero otras tenían que transportar agua de un pozo o de un arroyo para lavar. Utilizaban una tabla para lavar y fregaban la ropa a mano, cosían ropa para sus familias, y muchas trabajaban en las granjas familiares.

Usaban pesados vestidos largos, con enaguas debajo. Debido a que la moda para las mujeres era tan **engorrosa** y les dificultaba para realizar su trabajo, algunas mujeres pensaron que los pantalones bombachos harían más fácil su trabajo. Los pantalones bombachos eran largos y se ajustaban en el tobillo. Se les llamó *"bloomers"*, porque fue Amelia Bloomer, editora de una revista llamada *El lirio,* quien describió la nueva ropa en su revista, diciendo que era mucho más cómoda para la jardinería y para el cuidado de los hijos.

A Elizabeth Cady Stanton le encantaban los pantalones bombachos. Decía que las mujeres necesitaban más libertad en su vestimenta. Los bombachos les dieron más libertad de movimiento a las mujeres.

Hoy parece una tontería que la gente se hubiera molestado porque las mujeres llevaran bombachos, pero así fue. De hecho, las activistas renunciaron a llevar bombachos hasta 1854, porque no querían que la gente se fijara en lo que vestían. Querían que la gente escuchara lo que estaban diciendo. Las mujeres querían el derecho al voto y sabían que necesitaban el voto de los hombres para obtenerlo.

Esta mujer lleva pantalones bombachos.

La esclavitud y el movimiento de las mujeres

A principios del siglo diecinueve las mujeres tenían problemas más graves que la ropa que llevaban puesta. La esclavitud aún era legal en la mitad del país.

Muchos de los activistas por los derechos de la mujer también fueron **abolicionistas**. O sea que creían que la esclavitud debía ser abolida o detenida. Una mujer llamada Sojourner Truth había sido esclava. Había escapado a Nueva York y se había convertido en una líder por la lucha para poner fin a la esclavitud y, aunque no sabía leer ni escribir, era una poderosa oradora.

En 1851, Sojourner Truth habló en una convención sobre los derechos de la mujer en Ohio. Nadie escribió sus palabras mientras hablaba, aunque más adelante, alguien las escribió de memoria. En su discurso titulado "¿Acaso no soy una mujer?", dijo que si un hombre afirmaba que las mujeres debían recibir ayuda en los carruajes, ser ayudadas al cruzar zanjas y recibir lo mejor de todo, ¿por qué a ella no la habían ayudado? Acaso, preguntó, "¿no soy una mujer?".

Sojourner Truth siguió apoyando los derechos de la mujer. En 1853 habló en la ciudad de Nueva York. Esta vez, muchos **rivales** y opositores asistieron. Se sentaron en la reunión e hicieron mucho ruido para que nadie pudiera escuchar los altavoces. Sojourner Truth los puso en su lugar. Les habló y les dijo que no podrían detener el movimiento de mujeres, y prometió que las mujeres obtendrían sus derechos.

Sojourner Truth

Personas que lo hicieron posible

Susan B. Anthony

En 1872 Susan B. Anthony votó ilegalmente. Tres semanas más tarde, el Día de Acción de Gracias, un jefe de la policía federal llegó a su casa y la detuvo. Fue puesta en libertad cuando su abogado pagó la fianza, pero en el juicio fue declarada culpable. Recibió una multa de cien dólares. Anthony se negó a pagarla y el gobierno nunca trató de cobrarla.

Lucy Stone

Lucy Stone se casó en 1855 con Henry Blackwell, pero no tomó el apellido de su marido, lo que era muy raro en esos años. De hecho, no podía firmar documentos legales como Lucy Stone. Fue muy avanzada para su época. Decía que no pagaba los impuestos sobre su casa, ya que no podía votar. Decía que era un impuesto sin representación. El estado tomó algunos de sus muebles como pago de los impuestos.

Lucy Stone

Alice Paul

Alice Paul creció en un hogar cuáquero. Fue a la universidad y obtuvo muchos títulos avanzados. Ese nivel de educación era inusual para cualquier persona en esa época. En 1906, Paul fue a Inglaterra donde se incorporó al movimiento por el sufragio femenino y fue encarcelada tres veces por sus creencias. En 1909 regresó a los Estados Unidos, se convirtió en una líder sufragista, y condujo marchas y otras protestas. Fue a la cárcel tres veces más e incluso realizó una huelga de hambre allí.

Lucretia Mott

Lucretia Mott creció en Boston, Massachusetts, y se convirtió en maestra. Su interés en el movimiento por los derechos de la mujer comenzó cuando se enteró de que ella ganaría la mitad del salario que se le pagaba a un maestro. Mott también trabajó para poner fin a la esclavitud. Ella y su esposo ayudaron a muchos esclavos fugitivos a lo largo del Ferrocarril Clandestino, una red de lugares seguros donde permanecían los esclavos en su camino hacia el norte, en busca de libertad.

Alice Paul *Lucretia Mott*

Un movimiento puesto a prueba y dividido

En la década de 1850, los estadounidenses temían que hubiera una guerra, no les interesaban los derechos de la mujer. Estaban pensando en la esclavitud y en la guerra.

La Guerra Civil comenzó en 1861 cuando Abraham Lincoln era presidente. El presidente Lincoln hizo un trato con los sufragistas y les prometió su apoyo después de la guerra. La guerra terminó en 1865 y, pocos días más tarde, el presidente Lincoln fue asesinado. Andrew Johnson se convirtió en presidente, pero no apoyó los derechos de la mujer.

Muchos sufragistas perdieron la fe en el gobierno federal. Las cosas empeoraron cuando los líderes del movimiento por los derechos de la mujer formaron dos grupos diferentes. Lucy Stone fundó la Asociación Estadounidense de Mujeres Sufragistas (AWSA, por sus siglas en inglés). Elizabeth Stanton y Susan B. Anthony crearon la Asociación Nacional de Mujeres Sufragistas (NWSA, por sus siglas en inglés).

En la AWSA había hombres y mujeres miembros. Trabajaron a nivel estatal para intentar que cada estado le otorgara el sufragio a las mujeres. La NWSA fue pensada como una organización más extrema. Sólo permitía mujeres como miembros y trató de cambiar las leyes federales; sentía que era más eficaz centrarse en las leyes federales, en lugar de tratar de cambiar las leyes en cada estado.

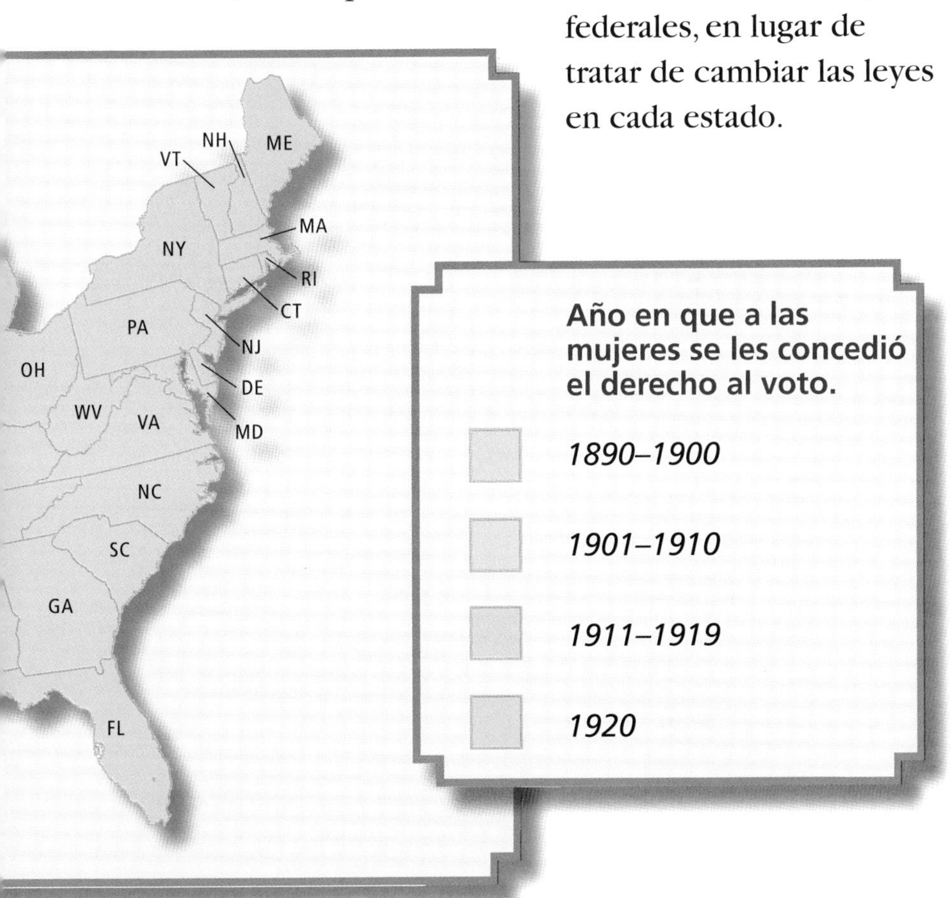

La Asociación Nacional de Mujeres Sufragistas

La NWSA tuvo su primera reunión en 1869. En Washington, D.C., Susan B. Anthony pidió al Congreso aprobar la decimosexta enmienda a la Constitución, para dar a las mujeres el derecho al voto. Pronto se llamaría la Enmienda Susan B. Anthony.

El Congreso consideró la enmienda en 1878, nueve años después de la primera petición de Anthony. La enmienda no fue aprobada cuando el senador Sargent, de California, la presentó.

Las mujeres, sin embargo, no se dieron por vencidas. Viajaron por todo el país dando discursos, liderando marchas y haciendo circular peticiones. Como no había radios o televisores a finales del siglo diecinueve, la gente sólo podía ver o escuchar a los oradores en persona. Sin aviones, automóviles, o incluso a veces sin caminos pavimentados, los sufragistas viajaron en coches tirados por caballos y en trenes. Sin embargo, no permitieron que la dificultad para viajar los detuviera porque creían firmemente en su causa.

La AWSA y la NWSA se fusionaron en un único grupo en el año 1890, y esta vez el grupo se llamó Asociación Nacional para el Sufragio de las Mujeres Estadounidenses (NAWSA, por sus siglas en inglés). Elizabeth Cady Stanton fue su primera presidenta.

Cómo se ratifica una enmienda a la Constitución

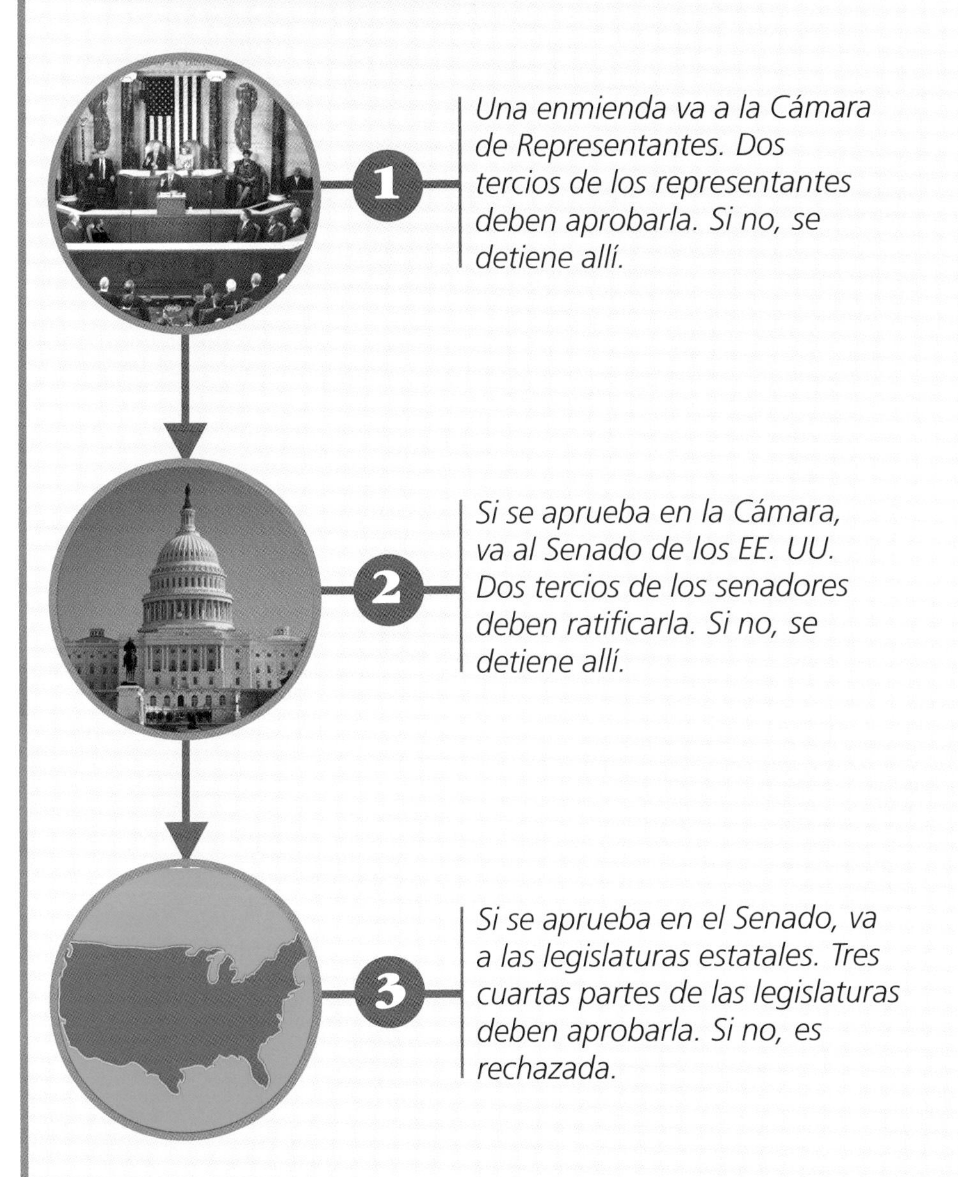

En 1920 había sólo cuarenta y ocho estados. Hoy hay cincuenta. Así que hoy se necesitan treinta y ocho estados para ratificar o aprobar una enmienda.

Señales de éxito

Como ya saben, en Wyoming las mujeres pudieron votar a partir de 1869, cuando Wyoming era un territorio. Al convertirse en estado, en 1890, fue el primer estado con sufragio femenino. Tres años más tarde, Colorado dio a las mujeres el derecho al voto. Carrie Chapman Catt, una activa sufragista, trabajó para conseguir el sufragio femenino en el oeste, y tuvo éxito en Utah y en Idaho.

Aunque tomó un par de años, otros estados del oeste les dieron a las mujeres el derecho al voto. Las mujeres obtuvieron el derecho al voto en el estado de Washington en 1910, y al año siguiente en California. En 1912, Oregón, Arizona y Kansas aprobaron el sufragio femenino.

Desfile de mujeres sufragistas y cartel con el programa oficial de la marcha, Nueva York, 1912

Las mujeres sufragistas realizaron desfiles en Nueva York y Washington D.C.

Miles de personas marcharon en un desfile en la ciudad de Nueva York. Lamentablemente, algunos de los **espectadores** les causaron problemas a la gente que marchaba en el desfile. Una multitud en el centro de la calle bloqueó el paso. La gente gritó y escupió a los manifestantes, incluso los empujó y los hizo tropezar. Un centenar de manifestantes terminaron en el hospital, pero la policía no hizo nada. Todo esto fue publicado en los periódicos.

En 1914 comenzó la Primera Guerra Mundial. Los sufragistas no quisieron permitir que la guerra detuviera su movimiento. Habían esperado durante la Guerra Civil, y cuando terminó la guerra no tenían nada. Así que esta vez perseveraron. El presidente Woodrow Wilson se postuló para un segundo mandato en 1916, con la promesa de campaña de mantener a los Estados Unidos fuera de la guerra.

Wilson también prometió a Carrie Chapman Catt que iba a apoyar el sufragio femenino, aunque no era su prioridad. Sin embargo, las mujeres lo apoyaron. Al parecer, a Wilson le fue bastante bien con las mujeres votantes en la docena de estados que permitían el voto femenino en 1916.

Piquetes en la Casa Blanca

Pronto comenzaron los piquetes de mujeres frente a la Casa Blanca. El primer piquete fue el 10 de enero de 1917, y después llegaron casi todos los días, de lunes a sábado, sin importar el clima. En un principio, el presidente Wilson las trató bastante bien, sonreía mientras caminaba entre ellas y les ofrecía café en los días fríos.

En abril de 1917 los Estados Unidos declaró oficialmente la guerra a Alemania y, una vez más, la gente pidió a las sufragistas que esperaran hasta poner fin a la guerra. No esperarían. Continuaron con los piquetes diarios frente a la Casa Blanca.

En junio de 1917, el Presidente ya no era tan amigable con los piqueteros. Durante una visita de diplomáticos rusos, los manifestantes llevaban una pancarta que lo avergonzó. Decía que los Estados Unidos no era una democracia, pues las mujeres no podían votar. Wilson dijo que las mujeres tenían que dejar los piquetes o, en caso contrario, serían detenidas. La líder de las mujeres, Alice Paul, consultó con abogados, quienes le dijeron que las mujeres tenían el derecho legal a hacer piquetes. Las mujeres continuaron con sus piquetes y, en noviembre de 1917, 150 mujeres fueron detenidas y llevadas a la cárcel.

Piquete de mujeres con carteles que exigen igualdad de derechos y libertades, frente a la Casa Blanca.

Debido a que las mujeres no podían ser acusadas por los piquetes, porque era una actividad legal, fueron acusadas de obstruir el tráfico. Las mujeres fueron declaradas culpables y multadas con veinticinco dólares cada una. Eligieron permanecer tres días en la cárcel antes que pagar la multa. En menos de una semana, los piquetes comenzaron de nuevo. Las mujeres fueron detenidas y de nuevo pasaron tres días en la cárcel.

Las prisioneras ganan apoyo popular

Las mujeres siguieron con los piquetes y las cosas empeoraron. La policía siguió con las detenciones y los magistrados impusieron penas más severas. Por ello, algunas mujeres fueron enviadas a la cárcel por sesenta días.

Las condiciones en la cárcel eran horribles. Las mujeres fueron tratadas con rudeza e incluso maltratadas; la comida estaba podrida y, a veces, tenía gusanos.

Esto no parecía cambiar la actitud de los políticos, pues las personas que asistían a los piquetes seguían siendo detenidas por esta causa. Los sufragistas trabajaban duro para que el público conociera los malos tratos que recibían y la gente simpatizó más y más con la causa.

A finales de noviembre de 1917, los prisioneros fueron liberados, pero los sufragistas todavía no habían completado su tarea.

En enero de 1918, la Cámara aprobó la Enmienda Susan B. Anthony, pero no se aprobó en el Senado. Otro año pasaría antes de que eso sucediera.

Las mujeres celebran el derecho al voto.

Las sufragistas no se dieron por vencidas. En agosto de 1918, hubo más protestas. La policía detuvo a los manifestantes y el periódico mostró fotografías de los prisioneros. Las mujeres comenzaron a llevar brazaletes negros; decían que la justicia había muerto.

La enmienda finalmente se aprobó en la Cámara y en el Senado, en junio de 1919. Las mujeres todavía tenían mucho trabajo por hacer. Necesitaban treinta y seis estados que ratificaran o aprobaran la enmienda.

En junio de 1919, tres estados fueron los primeros en aprobarla. Los estados fueron Wisconsin, Illinois y Michigan. El último estado en aprobar la enmienda fue Tennessee, el 18 de agosto de 1920. Finalmente, la mujer ganó el derecho al voto. Fue una larga lucha; sólo una mujer de las que habían asistido a la Convención de Seneca Falls, aún estaba viva. Charlotte Woodward fue la única que vivió para ver el sueño convertido en realidad.

Sufragistas en Washington celebran la aprobación de la Decimonovena Enmienda en Tennessee en 1920.

¡Inténtalo!

Ser un activista

Un activista es alguien que intenta cambiar la sociedad o el gobierno. Como a muchas personas no les gusta el cambio, no siempre los activistas son populares. Sin embargo, pueden ser reconocidos por su valentía.

Un activista hace tres cosas:

1. Hace que las personas sean conscientes de un problema.
2. Ayuda a las personas a ver que el cambio es necesario.
3. Convence a los líderes de que hagan el cambio.

¡Se hace así!

1. Piensa en un tema que sea importante para ti. Es posible que desees mejorar la educación de los pobres. Quizá desees ayudar a cuidar a las personas sin hogar. O puedes tener otra idea totalmente diferente.
2. Mira atrás, en la página 22, los tres pasos de los activistas. Piensa y luego escribe tus respuestas a estas preguntas:
   - ¿A quiénes estás tratando de hacer tomar conciencia del problema? ¿Cómo vas a darles a conocer el asunto?
   - ¿Por qué es necesario el cambio? ¿Cómo puedes tú ayudar a la gente a ver la necesidad de un cambio?
   - ¿Qué dirigentes tienen que estar convencidos? ¿Cómo puede lograrse?
3. ¿Cómo van a mejorar las cosas si se hacen los cambios? Escribe un párrafo en el que describas un mundo mejor.
4. Haz un plan de acción. Indica los pasos que tendrás que dar para cambiar tu salón de clases o el mundo. Luego, ¡pon tu plan en acción!

Glosario

abolicionistas *adj.* personas que intentaron activamente poner fin a la esclavitud.

engorrosa *adj.* difícil de hacer o de manejar.

espectadores *adj.* personas que están viendo un acontecimiento.

rivales *adj.* personas que quieren y tratan de conseguir lo mismo que otro, o hacerlo mejor que otro; competidores.

sufragio *s.* el derecho al voto.

sufragistas *adj.* personas que trataron de obtener activamente el derecho al voto de la mujer.

vestimenta *s.* prendas de vestir, lo que lleva una persona.